Tomáš Sedláček | David Orrell

Bescheidenheit – für eine neue Ökonomie

Tomáš Sedláček | David Orrell

Bescheidenheit – für eine neue Ökonomie

Gespräch mit Roman Chlupatý

Aus dem Tschechischen von Markus Sedlaczek

HANSER

Titel der Originalausgabe:
Soumrak homo economicus. Rozhovor s Romanem Chlupatým
Prag, 65. pole 2012

MIX
Papier aus verantwortungsvollen Quellen
FSC® C014889

Bibliografische Information der Deutschen Nationalbibliothek
Die Deutsche Nationalbibliothek verzeichnet diese Publikation in der Deutschen Nationalbibliografie; detaillierte bibliografische Daten sind im Internet über http://dnb.d-nb.de abrufbar.

2 3 4 5 17 16 15 14 13

Internet: http://www.hanser-literaturverlage.de
Lektorat: Martin Janik
Herstellung: Andrea Stolz
Umschlaggestaltung: Birgit Schweitzer
Druck und Bindung: Friedrich Pustet, Regensburg
Printed in Germany

ISBN 978-3-446-43486-8
E-Book-ISBN 978-3-446-43499-8

Inhalt

Einführung

Ich sitze im Frühzug von London nach Oxford. Der angenehme Sommermorgen erscheint mir wie ein Symbol für die Ruhe, die eingekehrt ist, nachdem sich der Sturm an den Finanzmärkten gelegt hat. Ich habe einige Gespräche von der Sorte hinter mir, die man leicht wieder vergessen kann und in denen man mich zu überzeugen versuchte, dass die Wirtschaft wieder *läuft*; dass unterwegs zwar noch einige *Schlaglöcher* auf uns warten, der Weg selbst jedoch nach oben führt. Rebellischer Gesinnte sprechen dann davon, dass wir gleichsam *eine leere Dose nur ein Stück weiter die Straße hinuntergekickt*, das heißt die Probleme nur aufgeschoben hätten. Sie behaupten, dass die Probleme wiederkehrten – und dann noch größer seien als zuvor. Kaum jemand aus der Londoner City hegt jedoch Zweifel im Hinblick auf den Weg selbst.

Ich freue mich schon, dass ich bald etwas anderes zu hören bekommen werde. David Orrell, den ich gleich treffen soll, verkündet der Welt nämlich ohne Umschweife: Der ökonomische Mainstream ruht auf zweifelhaften Fundamenten. Vergesst die Frage, ob irgendwelche Schlaglöcher oder Blechdosen auf uns warten, fangt lieber an, über das Wesentliche zu sprechen! Seine Behauptungen belegt er mit einer Analyse der verwendeten Modelle und der Mathematik. Mit Dingen also, die sein täglich Brot sind. Tomáš Sedláček, der in einem auf dem Parallelgleis dahinjagenden Zug nur knapp hinter mir fährt, kommt zu ganz ähnlichen Schlüssen, wenn auch auf den Wegen der Philosophie und der Vergleichenden Religionswissenschaft.

Als wir uns treffen, werden weitere Unterschiede deutlich. Der extrovertierte Tomáš lässt den schweigsamen David kaum zu Wort kommen. Nichts von alldem, worüber ich sprechen möchte, kommt zur Sprache. Ob das gut geht?

Als die Tonbandaufnahme beginnt, zeichnet sich die Antwort auf diese Frage ab. Davids Einstieg ist etwas zögerlich und deskriptiv. Je länger wir aber sprechen, desto mehr kommt auch er in Fahrt. Anekdoten wechseln sich mit tiefsinnigen Überlegungen ab, jede Antwort eröffnet den Raum einer völlig neuen Diskussion. Wir überziehen zeitlich ein ganzes Stück. Am Ende ist daher wie am Anfang schon klar, dass es eine Unmenge Fragen gibt; und dass vermutlich noch einige neue hinzugekommen sind. Aber endlich habe ich zur Abwechslung einmal von jemandem gehört: Der König ist nackt!

Eigentlich hieß es: Der König ist vielleicht nackt. Aber auch das klang im Grabenkampf der Lagerideologen bereits sehr erfrischend. Anstelle des ewigen Streits darum, ob das gegenwärtige System mehr Staat oder mehr Markt brauche, äußert endlich jemand Zweifel am System selbst beziehungsweise an seinen Grundlagen. Gewiss, David und Tomáš sind weder die Ersten noch (vielleicht) die Letzten, die derlei taten. Ihr Gespräch zeigt jedoch, wie nahe sich unterschiedliche Kritiker des Mainstreams sein können, selbst wenn sie von einander so fernen Welten ausgehen, wie die Mathematik und die Philosophie es sind.

Mit ihren Ansichten muss man keineswegs vorbehaltlos übereinstimmen. Ich bin sogar sicher, dass die beiden so etwas auch gar nicht anstreben. Es besteht kein Zweifel, dass es ihnen darum geht, die Leute zu kritischem Denken aufzurufen. Ebendies ist auch das unbescheidene Ziel dieses bescheidenen Büchleins. Und wenn Sie sich nun bei der Lektüre genauso gut unterhalten wie wir drei damals in Oxford, wird das ein zusätzlicher Bonus sein. Vergessen Sie aber bitte nicht, dass wir stellenweise ziemlich unernst über Dinge sprechen, die das Leben jedes Einzelnen von uns in überaus ernster Weise bestimmen.

Roman Chlupatý

1

Wir brauchen eine härtere Krise. Dann wird es besser.

Roman Chlupatý *Aufgrund der Finanzkrise, auf die eine Wirtschaftskrise und auf die wiederum eine Schuldenkrise folgte, sind Wirtschaft und Ökonomie ins Zentrum des Interesses gerückt. Plötzlich beschäftigen sich sowohl die Leitartikel der Zeitungen als auch die Leute beim Bier mit Ökonomie. Hat sich dadurch etwas geändert?*

David Orrell Ich habe das Gefühl, dass wir auf unsere Art durchaus etwas gelernt haben. Das hat jedoch zu keiner grundlegenden Reform dessen geführt, wie wir die Wirtschaft wahrnehmen. Eben deshalb stehen wir heute da, wo wir stehen.

Hier in England wurde zum Beispiel beschlossen, das Investmentbanking von den Geschäftsbanken, also jenen Banken, mit deren Hilfe die Leute ihre alltäglichen Geschäfte erledigen, zu trennen. Dank dieser Trennung sollte sich eine mögliche Ansteckung in Zukunft nicht mehr auf den gesamten Organismus ausweiten oder sich zumindest nicht mehr derart leicht ausweiten können. Gleichzeitig wird hier Druck ausgeübt, um die Gehälter und die Boni der Banker zu begrenzen. Vor allem die Boni, denn um ihretwillen gehen die Banker all die Risiken ein. Was einer der Gründe für die Finanzkrise war. Nicht zuletzt heißt es, dass die Eigenreserven der Banken erhöht werden müssten, weil es schlechterdings nicht möglich sein kann, dass die Banken zu 99 Prozent mit dem Geld anderer Leute spielen.

Dies alles sind meiner Ansicht nach aber eher nur Kleinigkeiten.

Roman *Viele der Regeln, nach denen sich die Finanzwelt richtet, sind bereits verschärft worden. An weiteren Maßnahmen, wie zum Beispiel Basel III, das heißt einem für die gesamte Finanzwelt geltenden Regelwerk, wird gearbeitet. Soll das heißen, dass all dies vergebens ist?*

David Nehmen wir zum Beispiel die Feststellung, dass man den Markt der sogenannten Derivate irgendwie regulieren müsse. Diese waren nämlich »over the counter« zu bekommen, wie man in der Fachsprache sagt, das heißt im »außerbörslichen Handel« jenseits der organisierten Märkte und der mit ihnen verbundenen Übersichtlichkeit. (Was, nebenbei bemerkt, ein treffendes Symbol für die Verrücktheit der Zeit vor der Krise ist.) Die Leute haben sich sehr komplizierte Instrumente ausgedacht. Den Handel mit ihnen hat dann keiner mehr überblickt. Und diese völlig deregulierte Sphäre wuchs schließlich zu größeren Dimensionen heran als die Realwirtschaft. Das war zweifellos absoluter Wahnsinn. Und jetzt wird das korrigiert, beziehungsweise: Man arbeitet an der Korrektur.

Ich denke jedoch, dass wir auch damit noch nicht genug tun. Kürzlich hat zum Beispiel Finanzminister George Osborne skizziert, wie die neue Wirtschaftspolitik der britischen Regierung aussehen solle, die ihre Lehren aus der Krise gezogen hätte. Er sagte unter anderem, dass alle Wirtschaftsbereiche relativ anständige Wachstumsraten aufwiesen, nur der Finanzsektor würde hinterherhinken. Dieser müsse nun wieder in Schwung gebracht werden. Das ist doch geradezu ... Nun, auf zwei Dinge möchte ich in diesem Zusammenhang hinweisen:

Zum einen auf das Streben nach Wachstum um jeden Preis. Darüber muss nachgedacht werden. Wir werden sicher noch darauf zurückkommen.

Zum Zweiten: Wenn der Finanzsektor kleiner wird, muss das nicht unbedingt gleich wieder schlecht sein. Wenn die Finanzinstitute beziehungsweise der Finanzsektor als Ganzes deutlich über die Realwirtschaft hinauszuwachsen beginnen, wenn dieser Sektor deutlich größer ist als die Sektoren, in denen etwas produziert wird, entsteht ein überaus problematisches Ungleichgewicht. Und dem muss man irgendwie begegnen.

Leider sind Veränderungen, wie etwa eben die Verschlankung des Finanzsektors, eine unmittelbare Bedrohung für die aktuell herrschenden Machtstrukturen. Das würde bedeuten, dass die Mächtigen plötzlich weniger verdienen und einige von ihnen sogar ihre Arbeit verlieren würden. Deshalb ist es so schwer, diese Veränderungen vorzunehmen. Irgendwelche Plauderstündchen über Regulierungen, die dem aus dem Ruder gelaufenen Regime nicht bedrohlich erscheinen, sind da viel einfacher.

Roman *Tomáš, du bist als Banker auf deine Weise ein Teil dieser dominanten Machtstrukturen. Wie schwierig ist es aus deiner Sicht, die Dinge zu ändern – und soll das eher von innen oder von außen geschehen?*

Tomáš Sedláček Ich bin davon überzeugt, dass es besser ist, wenn man als Kritiker innerhalb des Systems lebt und nicht als eine Art Priester oder gar Eremit, der irgendwo in der Wildnis lebt und sich von Pilzen ernährt – das heißt als jemand, der aus der Einsamkeit heraus gegen die Zivilisation predigt. Das bin ich nicht, und so jemand möchte ich auch nicht sein.

Meine Kritik zielt in erster Linie auf mich selbst, sodann auf die Institutionen, für die ich arbeite, und schließlich auf unsere Zivilisation und ihre Werte. Das ist meine Rolle. Zumindest nehme ich sie so wahr.

Was die Änderungen am System betrifft, so stimme ich dem zu, was David gesagt hat. Aus der Geschichte wissen wir, dass eine grundsätzliche Veränderung dessen, woran die Menschen glaubten, jedes Mal zum Problem wurde. Den Glauben an etwas aufzugeben fällt nämlich schwer. Und die Ökonomie ist ein Glaube wie jeder andere.

Meiner Ansicht nach besteht eine der größten Lästerungen der Moderne in der Überzeugung, dass es etwas gäbe, das nicht auf einem

Glauben beruhen würde. Dass es etwas gäbe, das völlig real, wahrhaft, absolut neutral, wissenschaftlich sei; etwas, das überhaupt nicht mit einem Glauben in Verbindung gebracht werden müsse. Ebendies versuche ich in Zweifel zu ziehen, und ich sage: Jeder Glaube, zu dem wir uns bekennen, also auch der Glaube an die Ökonomie, stützt sich auf Mythen.

Wir kommen nicht ohne Mythen aus. Alles, was wir tun können, ist, einen Mythos gegen einen anderen zu tauschen. Ganz ohne Mythen und ohne Glauben zu leben ist jedoch unmöglich. So lässt sich das Problem, mit dem wir es hier zu tun haben, kurz zusammenfassen. Wir glauben schlicht und einfach, dass die Menschen rational sind. Wir glauben, dass es möglich ist, die Zukunft mithilfe mathematischer Formeln zu beschreiben. Wir glauben an die Möglichkeit, das Unerwartete zu erwarten, was ein Oxymoron darstellt. Entweder ist es unerwartet – dann können wir es nicht erwarten. Oder es ist zu erwarten – dann können wir es auch erwarten.

Roman *Wäre es möglich, dass unsere Erfahrungen, die wir mit der Krise machen, an diesem Glauben an die Ökonomie, an der Art und Weise, wie wir an sie herangehen, etwas ändern?*

Tomáš Meiner Ansicht nach war die Krise dafür noch nicht hart genug. Wenn du ein bisschen Zahnweh hast, wirst du dich auf deine Art irgendwie damit arrangieren. Du trinkst ein Gläschen Sliwowitz oder nimmst eine Tablette, und schon spürst du eine Erleichterung. Nur wenn der Schmerz tatsächlich unerträglich ist, gehst du zum Arzt. Sofort. Und das Problem wird wirklich gelöst. Ich denke, dass wir uns sowohl in Europa als auch in Amerika immer noch in einem Zustand befinden, in dem wir uns nicht gezwungen sehen, zum Arzt zu gehen. Wir wissen, dass irgendetwas nicht in Ordnung ist, aber wir denken, dass uns die Medizin, die unsere Urgroßmutter in ihrem Garten anbaut, auch ein weiteres Mal heilt. Wir glauben daran, dass uns das helfen wird.

Roman *Spielst du damit auf die Besessenheit vom Wachstum an, von dem in letzter Zeit überall die Rede ist und das auch David bereits erwähnt hat? Kann man das Wirtschaftswachstum mit einem Gläschen Sliwowitz vergleichen, das uns den Kopf vernebelt, aber nicht heilt?*

Tomáš Die Überzeugung, dass Wachstum etwas völlig Normales sei, dass das System irgendwie automatisch und von sich aus wachse … das ist, ehrlich gesagt, zum Lachen. Die Ökonomie geht vom Gleichgewicht aus. Wo kommt also dieser Glaube, dass Wachstum normal sei, her, wenn wir gleichzeitig das Gleichgewicht bewahren sollen?

Ein Blick in die Geschichte kann da sehr lehrreich sein. Die klassische Ökonomie forschte nach einem statischen Gleichgewichtszustand. Damit hat es angefangen. Man dachte darüber nach, wie es sein wird, wenn wir erst einmal »dorthin« gelangt sein werden – wenn wir vollkommen aufgehört haben werden, zu wachsen. Mit anderen Worten: Die klassischen

Ökonomen haben sich für das Wachstum nicht allzu sehr interessiert. Was sie interessierte, war der Endzustand. Heute ist es genau umgekehrt. Nur wenige denken darüber nach, wie die Gesellschaft aussähe, wenn sie, sagen wir nach 100 Jahren, aufhören würde, zu wachsen. Ob das Ergebnis des 100-jährigen Wachstums eine gute oder eine schlechte Gesellschaft sein würde. Ob wir überhaupt in jene Richtung voranschreiten, in die wir gehen wollen. Ich habe zu dieser Frage, ehrlich gesagt, noch keine ausgeprägte Meinung. Es beunruhigt mich aber, dass niemand nach derlei Dingen auch nur fragt.

Eines möchte ich noch hinzufügen. Nehmen wir zum Beispiel die Tatsache, wie oft wir vom Bruttoinlandsprodukt sprechen. Wie begeistert wir darüber waren, dass das BIP einiger europäischer Länder letztes Jahr um zwei oder drei Prozent gewachsen ist. Dass wir im selben Jahr auch Haushaltsdefizite in Höhe von sieben, acht oder neun Prozent hatten, darüber spricht dann keiner mehr; das heißt, vereinfacht gesagt, darüber, dass wir das dreiprozentige Wachstum des BIP mit sieben, acht oder neun Prozent vom BIP bezahlt haben. Das ist doch überhaupt kein Anlass zum Feiern!

Es gelingt uns immer noch nicht, das Wachstum von der Verschuldung zu trennen. Das ist sowohl für die Banken als auch für den einzelnen Bürger oder ganze Staaten zum Problem geworden. Das mithilfe von Schulden angeschobene Wachstum war eine der Ursachen des jüngsten Zusammenbruchs. Nicht die einzige, aber eine wesentliche. Und daran haben wir meiner Ansicht nach seither überhaupt nichts geändert.

David Ein Punkt, der uns im Zusammenhang mit dem Wirtschaftswachstum erst jetzt richtig klar wird, ist die Tatsache, dass es immer mithilfe des Bruttoinlandsprodukts ausgedrückt wird. Wenn wir zum Beispiel die Vereinigten Staaten zum Maßstab nehmen, so hat sich ihr Bruttoinlandsprodukt seit den 1960er-Jahren annähernd verdreifacht. Was gut aussieht. Im Grunde genommen sagt das aber noch gar nichts. Man muss sich nämlich auch die Verteilung des neu geschaffenen Reichtums anschauen. Und wenn man das tut, stellt man fest, dass das Durchschnittseinkommen in Amerika seit den 1970er-Jahren stagniert, beziehungsweise dass es sich seither nur unmerklich erhöhte.

Vom Wirtschaftswachstum profitiert also nur eine kleine Gruppe von sehr Reichen. Die Einkommen des reichsten Prozents der Amerikaner sind seit den 1970er-Jahren deutlich gestiegen, und wenn wir diese Gruppe auf die 0,1 Prozent der Allerreichsten eingrenzen, dann können wir sogar von einem Wachstum mit astronomischer Geschwindigkeit sprechen. Mit anderen Worten: Die Ungleichgewichte haben deutlich zugenommen. Gewiss, auch in den 1960er- und 1970er-Jahren hat es Unterschiede zwischen Reichen und Armen gegeben. Heute hat das Ganze aber extreme Ausmaße angenommen.

Das ist so, als würde die überwiegende Mehrheit der Menschen immer noch mit beiden Beinen auf dem Boden stehen, während die Reichsten bereits durch die Stratosphäre schweben. Betrachten wir das Ganze aber rein durch die Optik der Statistik, sehen wir nur den Durchschnitt. Und der sagt uns, dass das

BIP glücklicherweise gewachsen ist. Auf den ersten Blick sieht es so aus, als sei es Amerika gut gegangen und gehe es ihm weiterhin gut. Was auch der Aktienmarkt unterstreicht, und zwar selbst in Krisenzeiten. Gleichzeitig nähert sich die Arbeitslosigkeit einem Rekordniveau. Die Mehrheit der Amerikaner hatte in letzter Zeit gewiss keinen Grund, Jubelgesänge anzustimmen. Den Aktien hingegen ist es im Verlauf der Krise gar nicht so schlecht ergangen.

Tomáš Genauso ist es. Bis 2011 sind zum Beispiel die Aktienindizes wieder mit explosionsartiger Geschwindigkeit gestiegen. Seit dem Moment, als wir ganz unten angekommen zu sein schienen, haben sie im internationalen Vergleich um circa 60 Prozent zugelegt. Was nun genauso unsinnig ist, wie es das vor dem Platzen der mit Technologietiteln vollgepumpten Spekulationsblase Ende der 1990er-Jahre oder vor dem Kollaps des Jahres 2007 war. Der jetzige Zustand ist damit vergleichbar. Und wir sind nicht in der Lage, etwas dagegen zu tun.

David Es wäre vielleicht gut, dem noch etwas hinzuzufügen, worauf Umweltökonomen schon seit Langem hingewiesen haben, so zum Beispiel Herman Daly, der unter anderem auch den stabilen Zustand der Wirtschaft untersuchte, den du bereits erwähnt hast.* Das Wachstum der Wirtschaft speist sich aus Quellen, die wir im Grunde pausenlos dem Planeten Erde entnehmen. Im Wert des BIP findet dies jedoch keinerlei Niederschlag. So wächst China derzeit mit geradezu irrealem Tempo. Es bezahlt dies aber mit einer starken Umweltverschmutzung. Das könnte, wie wir wissen, eines Tages auch jenes System beeinträchtigen, dem wir üblicherweise das Etikett »Ökonomie« aufkleben. Gleichwohl taucht all dies in keinem Rechnungsbuch auf.

Das BIP stellt, vereinfacht gesagt, nur in Rechnung, wie sich die Leute gegenseitig Geld hin und her schicken. Viele wirklich bedeuten-

* Vgl. Herman E. Daly: *Beyond Growth. The Economics of Sustainable Development*, Boston, Beacon Press 1996 (deutsch: *Wirtschaft jenseits vom Wachstum. Die Volkswirtschaftslehre nachhaltiger Entwicklung*, übersetzt von Tillmann Blume, Josef P. Mautner und Julia Wörz, Salzburg/München, Pustet 1999) (A. d. Ü.).

de Dinge, die um uns herum geschehen, zieht es überhaupt nicht in Betracht.

Wir fangen gerade an, uns dessen bewusst zu werden. Trotzdem denke ich, und ich komme damit zu Romans Eingangsfrage zurück: Sobald das Schlimmste dieser Finanzkrise vorüber war, ist die Mehrheit der Menschen zur alten Denkweise zurückgekehrt. Die Wirtschaft hat an Schwung verloren. Und das Einzige, worüber gesprochen wurde, war plötzlich die Frage, wie ein schnelleres Wachstum zu bewerkstelligen sei.

Roman *BIP, Wachstum und auch weitere Begriffe erinnern an einen Fetisch, wovon auch Tomáš irgendwo gesprochen hat, wenn ich mich nicht täusche ...*

David Weißt du, das alles ist doch nur noch lächerlich. Nehmen wir zum Beispiel diesen Affentanz, den wir alle Vierteljahre erleben. Kürzlich hatte man ein Wachstum von 0,2 Prozent erwartet. Schließlich sind es 0,1 Prozent geworden. Und die Schlagzeilen verkündeten: Das Wachstum war nur halb so groß wie erwartet! Dabei gibt es bei der Berechnung des BIP eine gewisse statistische Schwankungsbreite. Tomáš, du weißt darüber vermutlich mehr …

Tomáš … das ganze Drama auf Grundlage von Zehntelstellen nach dem Komma ist völliger Unsinn …

David … genau, ein oder zwei Zehntel können bei der Berechnung des BIP verloren gehen oder auftauchen, ohne dass sich irgendetwas geändert hätte. Und wir warten auf diese Zahlen dennoch mit beinahe religiöser Ehrfurcht.

Tomáš Ich würde das Wörtchen »beinahe« vielleicht sogar weglassen. Die Leute konzentrieren sich tatsächlich mit einer religiösen Ehrfurcht auf Dinge, von denen sie wissen, dass sie von ihnen getäuscht werden können. Und nun mache man sich klar, dass es erst zwei Jahre zurückliegt, dass im Grunde genommen alle miteinander bei der Analyse aller möglichen Statistiken und Indizes, das BIP eingeschlossen, völlig versagt haben; dass es niemandem gelang, aus diesen vergöttlichten Größen die richtigen Schlussfolgerungen zu ziehen.

So würde ich also die Antwort auf Romans Eingangsfrage wie folgt zusammenfassen: Wir sind uns der Dinge zwar bewusst geworden, geändert aber haben wir uns nicht.

2

Das Harte schlägt das Weiche, oder: Werte ohne Preis

Roman Chlupatý *Im Laufe der Krise hat man über die Grundlagen des Kapitalismus, des Marktes, der modernen Ökonomie diskutiert und sie auch in Zweifel gezogen. Selbst traditionelle Verteidiger des gegenwärtigen Systems, wie zum Beispiel die Zeitung Financial Times, sind so weit gegangen, Marx ernsthaft zu diskutieren. Bleibende Spuren hat das aber nicht hinterlassen?*

Tomáš Sedláček Eine der ältesten überlieferten Geschichten handelt davon, wie Kain seinen Bruder Abel tötete. Wenn man sich das Althebräische anschaut, so bedeutet Kain »Schmied«, was damals ein sehr verdächtiger Beruf war.

Abel ist der »Wind«, der »Nebel«. Seit dieser Zeit hat sich immer wieder bestätigt, dass das Harte das Weiche schlägt.

Nehmen wir zum Beispiel die Überzeugung, dass wir einen schönen Ausblick, die Landschaft oder die Ästhetik nicht mit Werbung verschmutzen sollten. So ein Gefühl lässt sich nicht mit Händen greifen, es ist eine »weiche« Angelegenheit. Das Erlebnis eines schönen Ausblicks ist ein Wert, der kein Preisschildchen trägt. Werbung, Materialismus und Gewinn stehen hingegen für eine »harte« Kraft; das ist ein Wert, der einen Preis hat – einen harten, unerbittlichen Preis. Zwischen beiden tobt ein schrecklich ungleicher Kampf. Sobald sich etwas in Zahlen ausdrücken lässt, verwandelt es sich in ein hartes Argument. Was sich nicht in Zahlen ausdrücken lässt, ist weich – und verliert, bevor das Spiel überhaupt angefangen hat.

Roman *Eben deshalb schlagen Umweltökonomen vor, der sauberen Luft und anderen weichen Größen, die von der modernen Ökonomie ignoriert werden, jeweils einen Wert beizumessen und einen Preis zuzuschreiben. Wie denkst du darüber?*

Tomáš Das ist eine von zwei Möglichkeiten, wie man die Dinge lösen könnte. Die Umweltökonomen nehmen an, dass es möglich sei, etwa den Preis eines Baumes in Zahlen auszudrücken. Sie behaupten, dass der da nicht einfach für sich allein und als nutzbare Rohstoffquelle herumsteht. Sie behaupten, dass wir nicht mehr in den eingefahrenen Gleisen und alten Kategorien denken könnten, die mit natürlichen und menschlichen Ressourcen arbeiten. So als ginge es darum, Menschen wie Kohle zu fördern und auszubeuten. So als stünde alles in der Natur dem Erstbesten zur Verfügung, der auf dessen Nutzung vorbereitet wäre. Wie es bei der Entdeckung Amerikas geschah: Wer zuerst kommt, mahlt zuerst, ihm gehört das Land. So ist das aber nicht! Der Boden ist rar und kostbar! Es gibt ihn nur in begrenzter Menge. Und sein Wert lässt sich in Zahlen ausdrücken. Was, wie bereits gesagt, die eine Möglichkeit ist.

Die zweite Möglichkeit besteht darin, dass wir lernen, das, was sich nicht in Zahlen ausdrücken lässt, das Weiche, zu respektieren. Dass wir lernen, so etwas wie Ästhetik oder den Wert einer schönen Aussicht zu respektieren. Das erfordert jedoch eine gewaltige Verschiebung, weg von der Zahlenbesessenheit und hin zu etwas, was nicht so leicht zu begreifen ist.

Roman *Mit anderen Worten: Wir sind von Zahlen besessen. Und die eigentliche Lehre aus der Krise würde lauten, uns von dieser Besessenheit zu befreien ...*

Tomáš Du kennst bestimmt das Buch *Per Anhalter durch die Galaxis* – und in diesem Fall auch die Antwort auf die Frage nach dem »Sinn des Lebens, des Universums und von allem«, wie Douglas Adams schrieb.[*] Es ist gar nicht wichtig, dass es sich um die Zahl 42 handelt. Wichtig ist, dass es eine Zahl ist. Das ist eine unbezweifelbare Antwort. Die richtige Antwort auf eine weiche Frage ist hier … eine Zahl! Nebenbei bemerkt ist gerade dies der Grund, warum das so lustig ist. Genau das wollen wir Menschen. Wir wollen eine Zahl, die irgendein megaschlaues Computersystem uns generiert. Wir wollen das unpersönliche, »objektive« Modell. Gleichzeitig liegt die Wahrheit jedoch weder in der Zahl noch im Modell, sondern im Kontext, also im weichen Umfeld. So funktioniert, nebenbei bemerkt, die axiomatische oder auf Voraussetzungen basierende Methode in der Wissenschaft: Mittels Voraussetzungen und Axiomen versuchen wir – aber es kann, wohlgemerkt, nur beim Versuch bleiben –, einen weichen Kontext, ein Pilzgeflecht (un)wahrer Sätze, den Kern der Wissenschaft, in ein hartes Gewand zu stecken.

Eine weitere Beobachtung dazu: Der Name des apokalyptischen Untiers beziehungsweise

* Vgl. Douglas Adams: *Per Anhalter durch die Galaxis*, übersetzt von Benjamin Schwarz, München, Heyne 1998, Kap. 27, S. 171–172 (A. d. Ü.).

die Zahl seines Namens lautet bekanntlich 666.* Generationen von Theologen und Mystikern haben zu erklären versucht, was 666 bedeutet. Ich selbst habe zu dieser Debatte nicht viel beizutragen, bis auf diesen einen Punkt: dass es sich um eine Zahl handelt. So ist uns die Lehre aus dieser Geschichte ein wenig entgangen. Möglicherweise ist das Ganze gerade deshalb so erschreckend, weil es sich um eine Zahl handelt. Um ein Wesen, das sich durch eine Zahl ausdrücken lässt. Ein Furcht einflößendes, kaltes und berechnendes Wesen, das, im Unterschied zu Gott, sozusagen nicht viel Worte macht.

David Orrell Genau. Unsere Zivilisation unterhält eine außergewöhnliche Beziehung zu den Zahlen. Das lässt sich bis zu den Pythagoreern zurückverfolgen, die behaupteten, dass alles zähl- und berechenbar sei, dass man allem eine Zahl zuschreiben könne. Sie glaubten daran, dass das ganze Universum ein System von Zahlen sei. Sie betrachteten die Zahlen, die

* Vgl. Offenbarung 13,17–18 (A. d. Ü.).

Eins, die Zwei, die Drei und so weiter, auf ihre Weise als mythische Wesenheiten, die an und für sich existieren und die Struktur des ganzen Universums bilden.

Ähnliche Gedanken können wir durch die gesamte Geschichte hindurch verfolgen. So haben zum Beispiel im 15. und 16. Jahrhundert einige Leute behauptet, dass den Planeten, die man von der Erde aus beobachten kann, jeweils Zahlen entsprächen, die der Ausdruck einer wunderschönen Musik seien. Diese Überzeugung stützte sich auf sogenannte Harmonieverhältnisse, die wiederum in der Lehre der Pythagoreer gründeten, wonach die Zahl der Schlüssel zum Verständnis der Musik sei; die Pythagoreer gingen davon aus, dass Zahl und Muster die Grundlage von allem auf der Welt sind.

Diese Überzeugung kann man gewissermaßen auch als unbewusste Grundlage unserer ganzen modernen Wissenschaft betrachten. Es handelt sich dabei um einen fast mythischen Glauben an die Zahl. In der Wissenschaft zeigt sich das dann daran, dass wir jedes noch so komplizierte Problem in eine einfache Formel, in ein einfaches mathematisches Modell zu pressen versuchen. In einigen Wissenschaften, wie etwa der Physik oder der Chemie, sind wir damit sehr erfolgreich. Und offensichtlich verstehen wir gerade deshalb nicht, dass man nicht an alles auf diese Weise herangehen kann.

So hat zum Beispiel Newton, als er das Gravitationsgesetz entdeckte, eine schöne Gleichung formuliert. Man kann sie verwenden, um den Bogen auszurechnen, den ein geworfener Ball beschreibt; mit ihrer Hilfe lässt sich auch feststellen, wie ein Apfel vom Baum fallen wird; genauso gut kann man mit ihr ausrechnen, wie der Mond um die Erde kreist. Was ein imposantes Beispiel für die Macht der Mathematik darstellt.

Das Problem ist nur, dass die Wissenschaftler seither versuchen, Newton nachzuahmen. Sie wollen für jedes Problem eine einfache Gleichung finden, die komplexe Systeme auf einigen wenigen Zeilen vereinfachen würde; sie suchen nach einer Gleichung, die ihnen helfen würde, die im Universum verborgene Harmonie zu verstehen, und die gleichzeitig – wie Newtons Gleichung auch – dabei behilflich wäre, bestimmte Dinge vorherzusagen.

Deshalb konstruierten die Ökonomen die ausgefeiltesten Modelle, wie zum Beispiel das Modell des allgemeinen Gleichgewichts. Sie gehen alle auf Newton zurück, sie haben eine newtonsche Grundlage. Leider funktionieren sie aber nicht.

Roman *Du bist Mathematiker. Du verdienst deinen Lebensunterhalt mit Modellen. Warum funktionieren deiner Ansicht nach die Modelle, anders als in der Physik, in der Ökonomie nicht – sind sie schlecht konstruiert oder können sie schlicht und einfach nicht funktionieren?*

David Mein Spezialgebiet ist die Wahrscheinlichkeit in sogenannten nicht linearen Modellen. Meine Doktorarbeit hing mit der Wettervorhersage zusammen. Ich gebe mal ein Beispiel aus diesem Bereich:

Wir können die Atmosphäre als Beispiel für ein komplexes System nehmen. Manch einer meint vielleicht, dass es sich dabei um eine verhältnismäßig mechanische Angelegenheit handelt. Es gibt die Wolken, das Wasser, und alles zusammen bewegt sich in einer durch physikalische Gesetze diktierten Weise. Das stimmt jedoch nicht. Die Atmosphäre ist auf ihre Art ein lebendiger Organismus, der ein Nebenprodukt der Atmung hier auf Erden ist. Und als lebendiges System verfügt sie auch über Elemente, die mit anderen lebendigen Systemen übereinstimmen. Zum Beispiel die Art und Weise, wie Aktion und Reaktion zwischen ihren Bestandteilen ablaufen. Oder die Eigenschaft der sogenannten Emergenz. Das sind Dinge, die sich schon per definitionem nicht vereinfachen und durch eine kurze Gleichung ausdrücken lassen. Nehmen wir etwa eine Wolke. Eine Wolke lässt sich einfach nicht in eine Gleichung zwängen. Gewiss, man kann kleine Formeln aufstellen, die die Chance errechnen, dass es zur Bildung einer Wolke kommt. Sobald man aber zum wirklich Grundlegenden vordringt, werden auch sie nicht allzu gut funktionieren.

Mit anderen Worten: All diese Modelle funktionieren nicht mehr, sobald sie auf komplexe organische Systeme stoßen. Davon zeugt ihre Erfolgsrate, sei es bereits auf dem Gebiet der Biologie, auf dem der Wettervorhersage oder in der Wirtschaft. Gerade die Ökonomie ist meiner Ansicht nach ein besonders gutes Beispiel dafür.

So fragte zum Beispiel Anfang 2008 die Agentur Bloomberg die Analysten, wie das Jahr denn ausfallen werde. Niemand hat den Niedergang vorhergesehen. Man erwartete durchschnittlich einige Prozent Wachstum. Letzten Endes brachen die Aktienmärkte jedoch um circa 30 Prozent ein, was in der Praxis Verluste in Milliardenhöhe bedeutete. Das ist doch gerade die Verleugnung all dessen, wozu die Wissenschaft gut sein soll! Wir sollen Modelle bilden und Kompliziertes vereinfachen, wir sollen uns der Zahlen bedienen und mit ihrer Hilfe Vorhersagen treffen. Was aber ist, wenn das nicht funktioniert? Wenn das ein einziger Reinfall ist? Paradoxerweise ändert sich dadurch nicht allzu viel ...

Tomáš So ist es!

David Der Internationale Währungsfonds, die OECD und weitere Organisationen versorgen uns unablässig mit einer Unmenge an Vorhersagen. Sie werden von den Medien zitiert, und alle verfolgen sie mit religiöser Ehrfurcht. In dieser Hinsicht sind sie mit dem bereits erwähnten Bruttoinlandsprodukt vergleichbar. Doch haben auch die Leute vom IWF oder von der OECD diese Krise nicht vorhergesagt. Nicht nur Bloomberg hat damals versagt. Das bedeutet, dass irgendwo ein grundlegender Fehler versteckt sein muss.

Ich kehre noch einmal zu den eventuellen Lehren aus der Krise zurück, von denen eingangs die Rede war. Eines, was wir aus dieser Krise lernen sollten, ist meiner Ansicht nach die Notwendigkeit echter Demut und Bescheidenheit. Die Ungewissheit muss eingestanden und begriffen werden. In der Physik gibt es zum Beispiel die sogenannte Unschärferelation. In der Ökonomie ist die Situation noch schlimmer. Wir verfügen über kein einziges Modell, das genaue Vorhersagen ermöglichen würde. Wir wissen eigentlich nicht einmal, worin die Ungewissheit in unserem Falle besteht. Es ist, als würden wir mit einer Ungewissheit hoch zwei arbeiten.

Roman *Kann es sein, dass die Ökonomie etwas Ähnliches erlebt wie die Physik, als nach Newton die Quantenphysik kam und zeigte, dass Newton zwar auf seine Weise recht hat, die Dinge zugleich aber anders liegen?*

David Ich denke, dass die Antwort auf diese Frage eng mit jener anderen Frage zusammenhängt, warum wir noch keine Alternative zur modernen Ökonomie gefunden haben. Und das trotz der vielen Beweise, dass sie schlicht nicht funktioniert.

Die Wissenschaft hingegen verfügt über einen Mechanismus zur Selbstkorrektur. Sobald eine Theorie nicht funktioniert, sollte irgendjemand mit einer anderen Theorie kommen, die besser ist, die die Fehler der ursprünglichen korrigiert. So wurde die newtonsche Theorie schließlich durch Einsteins Relativitätstheorie ersetzt. Die newtonsche Physik war davon ausgegangen, dass Zeit und Raum voneinander unabhängig sind. Einstein hat dann gezeigt, dass sie doch zusammenhängen. Niemand hat ihm geglaubt, bis er vorhersagte, wie die Sonnenstrahlen bei einer Sonnenfinsternis gekrümmt werden. In diesem Moment wurde Einstein zu einem Star, und seine Physik trat an die Stelle der newtonschen Physik.

Das verhält sich wie im Falle der sogenannten *cellular automated models*, mit denen man auch auf dem eigenen PC spielen kann. Man schreibt einfache Regeln, nach denen sich die einzelnen Zellen richten, dann lässt man sie miteinander kommunizieren. Damit lassen sich etwa Waldbrände und ähnliche Dinge simulieren. Man schafft die Grundlagen und lässt den Dingen dann ihren freien Lauf. Nach einer Weile sieht man auf dem Bildschirm, wie bestimmte Muster zu entstehen beginnen. Zu diesen wäre man mit jener Gleichung, mit der man anfangs gearbeitet hatte, unmöglich gelangt. Ebendies ist Emergenz.

Roman *Dass jemand käme und die aktuellen, scheiternden Modelle der Ökonomie durch neue, kurze und funktionierende Formeln ersetzt, erwartest du also nicht …*

David Ich glaube nicht, dass irgendein Einstein auftaucht, der sagt: Ich weiß genau, wie sich eure Wirtschaft entwickeln wird. Ich habe hier ein neues, wunderschönes Modell, das die behavioristische Ökonomie mit der Komplexitätstheorie kombiniert – und das funktioniert! Das kann schlicht und einfach nicht sein. Was passieren kann, was wir tun können, ist, dass wir neue Erkenntnisse nutzen, um das ganze System zu verbessern.

Wir sind einfach nicht in der Lage, mithilfe von Modellen vorherzusagen, ob die Eurozone auseinanderbricht oder ob uns die Griechenlandkrise über den Kopf hinauswächst. Aber wir können die Erkenntnisse aus der Komplexitätstheorie dazu nutzen, dass sich solche Dinge wie die Griechenlandkrise nicht wiederholen. Bestimmte Vorkehrungen wären nämlich alles in allem ziemlich einfach zu treffen.

Zum Beispiel alles Überflüssige zu beseitigen, das sich im System befindet; oder eine Art Firewall zu errichten, die im Falle einer Explosion verhindern würde, dass die Flammen um sich greifen.

Tomáš Wenn ich dir so zuhöre, David, kommt mir plötzlich eine überaus provokante Schlussfolgerung in den Sinn. Womöglich bekämen wir eine viel stabilere Wirtschaft, wenn wir mit den ständigen Vorhersagen aufhören würden.

Wenn man die Ökonomen der OECD oder der Weltbank fragt, dann hegen sie selber Zweifel an ihren Vorhersagen. Gleichwohl füttern sie diese ganze Maschinerie regelmäßig mit irgendwelchen Zahlen. Und wir alle nehmen einfach hin, dass wir unsere Modelle um Wahrscheinlichkeiten herum errichten. Wir glauben, dass mit einer gewissen Wahrscheinlichkeit dies oder jenes geschieht ... und schon sind wir wieder beim Glauben angelangt, denn hier lässt sich nichts beweisen.

Ein Modell in der Ökonomie sagt, vereinfacht ausgedrückt, Folgendes: Unter der Voraussetzung, dass eintritt, wovon wir erwarten, dass es eintritt, tritt das und das ein. Nur besteht ein Unterschied zwischen dem Modell und der Realität. Das sagen auch Friedman und andere Hardliner.* Auch in deren Augen hat das Modell mit der Realität nichts zu tun.

Wenn wir uns weniger sicher wären, würden wir vielleicht mit einem viel größeren Risiko rechnen. Und die Wirtschaft wäre womöglich viel stabiler. Eben deshalb, weil wir nicht so viel riskieren würden. Aber ich gebe zu, dass dies ein überaus provokanter Gedanke ist.

Roman *Tomáš, wie würde dein Arbeitgeber, eine Bank, auf so etwas reagieren? Und wie würde die Gesellschaft reagieren, wenn du ihr diese Gewissheit der Zahlen, der Vorhersagen nehmen möchtest – und seien sie noch so illusorisch?*

* Milton Friedman (1912–2006), amerikanischer Nationalökonom, Nobelpreis für Wirtschaftswissenschaften 1976, prägte maßgeblich die sogenannte »Chicagoer Schule«, glaubte an die »Selbstheilungskräfte« des freien Marktes (A. d. Ü.).

Tomáš Weißt du, wie viel du, auf die Zehntelstelle genau prozentual ausgedrückt, nächstes Jahr verdienen wirst? Brauchst du diese Information, um zu überleben?

Roman *Natürlich nicht. Aber ich bin mir sicher, dass viele das Gefühl haben, dass sie ohne all dies nicht auskommen …*

Tomáš Klar. Aber das ist ja gerade das Illusorische an dieser Gewissheit. Sie ist eine Täuschung! Es handelt sich um die Simulation von Gewissheit in einem Umfeld absolut grundlegender Ungewissheit. Das ist alles, was ich sage. Es handelt sich um eine illusorische Gewissheit – und die ist noch gefährlicher als die Ungewissheit, als das Eingeständnis des schlichten Nichtwissens.

Solange wir zugeben, dass wir nichts wissen, wird das sicherer sein, sowohl für meine Bank als auch für mein Land, für Europa und für die ganze Welt. Solange man sich im Dunkeln befindet, soll man sich so verhalten, wie man sich im Dunkeln zu verhalten hat: Man muss auf alle viere niedersinken und sich langsam in die richtige Richtung vortasten. Es hat noch niemals irgendwem geholfen, so zu tun und sich so zu verhalten, als wisse man, wo die Wände sind und wo die Tür sich befindet.

Die Zeit vor der Finanzkrise lässt sich vielleicht auch so beschreiben, als hätte jemand plötzlich angefangen, zu schreien: »Dort ist ganz gewiss die Tür, ich habe ein Modell dafür, ich sehe im Dunkeln!« Und wir alle wären losgelaufen und dann in vollem Tempo mit dem Kopf gegen die Wand gerannt.

Sag: Wäre es nicht sinnvoller, diesen Vorhersagen keinen Glauben zu schenken oder schließlich ganz auf sie zu verzichten? Dann würden wir nicht einfach loslaufen; wir würden zwar auch den Zustand nicht erleben, der damit verbunden ist, gewiss; aber gleichzeitig würden wir uns auch nicht den Kopf anschlagen.

Roman *Das erinnert mich an Platons Höhlengleichnis. Die Menschen sind mit dem Rücken zum Eingang angekettet und halten die Schatten an der Wand für die Realität. Unabhängig davon, ob sie der Widerschein wirklicher Dinge sind oder nicht. Du verlangst von ihnen, dass sie sich umdrehen und ins grelle Licht der wirklichen Welt blicken, was wehtut – und was viele eben deshalb ablehnen …*

Tomáš Genau. Oder es ist noch ein bisschen anders. Ich sage: »Schaut dorthin, wo das Licht sein soll. Ihr werdet feststellen, dass es überhaupt kein Licht gibt. Wir leben im Dunkeln. Genauso wie vor Tausenden von Jahren.« Gewiss, und darin stimme ich mit dir überein, David: Die Wissenschaft hilft uns in vielerlei Hinsicht. Es gibt aber Bereiche, wo sie gar nichts nützt. Die Technologien zum Beispiel haben gewaltige Umwälzungen erfahren. Es gibt aber andere Dinge, die sich nicht ändern. Das Verhältnis zwischen Vater und Sohn etwa. In diesem Zusammenhang bleiben die Dinge immer beim Alten, und jede weitere Zivilisation bestätigt das nur. Vielleicht ähneln wir einem groß gewachsenen Kind mit einem allzu gefährlichen Spielzeug. Ich meine das so: Wir verstehen es zum Beispiel, die Kernkraft zu beherrschen. Aber verstehen wir uns auch darauf, im Zusammenhang mit der Beherrschung der Kernkraft uns selbst zu beherrschen?

David Dazu passt folgende kleine Geschichte: Als der Ökonom Kenneth Arrow während des Zweiten Weltkriegs als Meteorologe bei der Luftwaffe arbeitete, stellte er fest, dass seine Vorhersagen ebenso wie die seiner Kollegen um nichts besser waren als eine Zufallsentscheidung. Er sagte das seinem Vorgesetzten. Und was antwortete dieser? Der General war sich völlig bewusst, dass die Vorhersagen nichts taugten. Aber er brauchte sie für seine Planung.

Tomáš Da siehst du's, das ist Ironie in Reinform! Wir wissen doch alle, dass das keinen Sinn ergibt; dass das Unsinn ist. Gleichzeitig haben wir aber alle diesen Unsinn nötig. Dieses Beispiel ist meiner Ansicht nach eine schöne Illustration für die Anmerkung zu Newton, die mir einfiel, als du vorhin über ihn gesprochen hast. Sein Modell ist einfach, weil in ihm eine Lüge versteckt ist. Oder sagen wir lieber: ein Mythos. Und zwar der, dass der Luftwiderstand keinen Einfluss auf die Dinge habe; dass es ihn nicht gebe. Das ist wie beim Spiel »Was wäre, wenn ...?«. Natürlich glaubt das niemand. Denn wenn dem so wäre, wenn wir in einem Vakuum leben würden, würden wir auf der Stelle tot umfallen. Es ist nützlich, das ja. Aber es ist eine Lüge. Ähnlich verhält es sich mit dem *Homo oeconomicus*, mit der Rationalität oder mit der Effizienz der Märkte. Auch das glaubt niemand wirklich. Es handelt sich um einen modernen Mythos in seiner reinsten Form. Dennoch glauben wir daran.

Der Unterschied zwischen der Physik und der Ökonomie, auf den du bereits eingegangen bist, David, besteht meiner Ansicht nach darin, dass man in der Physik ein Modell bildet und sich dabei mit einer Art Gerüst aus bestimmten Voraussetzungen behilft. Zum Beispiel mit der Voraussetzung, dass es keinen Luftwiderstand gibt. Was eine Dummheit ist. Aber wir übersehen das in diesem Moment und errichten mithilfe dieses Gerüsts (das heißt mit einer Lüge aus Voraussetzungen) eine ganze Kathedrale. Anschließend bauen wir das Gerüst wieder ab und prüfen, ob der Bau auch alleine stehen bleibt. Wenn wir zum Beispiel wirklich berechnen wollen, wie langsam eine Feder zu Boden fällt, dann kommen wir ohne Luftwiderstand nicht aus. Ohne ihn kommt irgendein Blödsinn heraus. Auch in der Ökonomie ist meiner Ansicht nach so etwas nicht möglich.

Wenn man in der Ökonomie die Ausgangsvoraussetzungen wegnimmt, bricht das Ganze in sich zusammen. Das ist ein wenig so, als würden wir Ökonomen eine Kathedrale nur aus dem Gerüst erbauen. Wir haben einfach nichts anderes als dieses Gerüst. Wenn wir es schließlich abbauen, stellen wir fest, dass es überhaupt keine Kathedrale gibt. In der Physik hingegen steht dort, wo wir etwas errichtet haben, letzten Endes auch wirklich etwas Reales dahinter; in der Physik ist es möglich, zur Realität zurückzukehren.

Damit hängt auch noch eine andere Sache zusammen: Du hattest die Unschärferelation erwähnt, David, sowie die Tatsache, dass es in der Ökonomie so etwas nicht gibt. Und dass wir uns genau dies bewusst machen sollten. Dem stimme ich zu. Wir müssen uns jedoch zusätzlich bewusst werden, dass auch die Wahrscheinlichkeit, mit der wir häufig arbeiten, keine endliche Größe darstellt. Wir bräuchten also eine Wahrscheinlichkeit der Wahrscheinlichkeit.

Wir gehen davon aus, dass uns irgendein Modell sagt, dass die Wahrscheinlichkeit von irgendetwas 95 Prozent beträgt. Das ist aber nicht die einzige Wahrscheinlichkeit, mit der wir arbeiten. Es gibt nämlich eine riesengroße Wahrscheinlichkeit, dass dieses Modell schlicht falsch ist. Sie kann bei fifty-fifty liegen. Oder sonst wo. Es gibt keine Methode, wie das zu bestimmen wäre. So »lösen« wir das Problem ganz elegant damit, dass wir es qualifiziert ignorieren. Und dann wundern wir uns, dass das in der Realität nicht funktioniert …

David Klar. Ein Fehler im Modell.

Tomáš Genau. 95 Prozent sind nämlich keine endliche Zahl. Das muss man sich einmal bewusst machen. Darüber hinaus kann das Problem auch noch viel tiefer gehen. Es kann nämlich sein, dass wir das alles schon seit Platon falsch verstehen. Es gibt doch eine Menge von Dingen, die sich nicht durch Zahlen ausdrücken lassen.

Aber ich möchte zu meinem ursprünglichen Gedanken zurückkehren: Man hat eine 50-prozentige Wahrscheinlichkeit, dass es eine 95-prozentige Wahrscheinlichkeit von irgendetwas gibt. Darüber muss man sich klar werden; das zum Ersten.

Zum Zweiten: Wenn ich dich richtig verstanden habe, David, gibt es eine Ungewissheit der Ungewissheit. Das ist noch schlimmer als die Wahrscheinlichkeit der Wahrscheinlichkeit.

David So ist es. Sämtliche Instrumente, deren man sich im Management bedient, zum Beispiel die Risikorechnung und Ähnliches, wurden in den 1960er- oder 1970er-Jahren aufgrund der Voraussetzung konstruiert, dass die Bewegungen auf dem Kapitalmarkt zufällig sind. Was sich auf seine Weise auf die Physik stützt; auf die Voraussetzung, dass es sich um ein System handelt, das im Grunde stabil ist und von Zeit zu Zeit von irgendeiner Nachricht bewegt wird. In so einem Fall wäre es möglich, sich der Statistik zu bedienen und die künftigen Bewegungen vorherzusagen.

Nehmen wir zum Beispiel an, man möchte das Risiko berechnen, das mit einem konkreten finanziellen Aktivum verbunden ist. Man schaut sich dann an, wie es um dieses Aktivum in der Vergangenheit bestellt war. So hat man zum Beispiel Aktien von Technologiefirmen für riskanter als Bargeld gehalten.

Die Finanzakteure gehen dann von diesen historischen Erfahrungen aus. Schließlich errechnen sie mithilfe gängiger Statistiken die Wahrscheinlichkeit, dass sich der Finanzmarkt in eine bestimmte Richtung bewegt. Dabei machen sie sich nicht bewusst, dass mit dieser Vorgehensweise unmittelbar einige Probleme verbunden sind.

Erstens ziehen sie nur Ereignisse in Betracht, die bereits geschehen sind. Zweitens verwenden sie eine schlechte Art von Mathematik. Es handelt sich um eine Mathematik, die von der Physik ausgeht, die damit rechnet, dass es einen Gleichgewichtszustand gibt. Auf dem Aktienmarkt aber gab und gibt es nichts dergleichen. Richtig wäre es, jene Mathematik zu verwenden, mit der man zum Beispiel die Wahrscheinlichkeit von Erdbeben berechnet.

Roman *Wie groß ist der Unterschied für den Fall, dass ich gerade diese Vorgehensweise wähle?*

David Ich habe in Vancouver gelebt. Wäre ich ein Ökonom, würde ich mir sagen: Letztes Jahr haben wir kein Erdbeben gehabt, auch im Jahr zuvor nicht, eigentlich hat es hier schon ziemlich lange kein Erdbeben mehr gegeben. Die Wahrscheinlichkeit, dass es in Vancouver zu einem Erdbeben kommt, beträgt so im Grunde null, deshalb ist es nicht nötig, die Wolkenkratzer gegen ein Erdbeben zu schützen. Das wäre die eine, falsche Logik, nach der ich mich richten könnte.

In der Praxis ist es jedoch so, dass sich Erdbeben nach einer sogenannten Potenzverteilung richten. Und das ist etwas, was man auch im Rahmen der Ökonomie beobachten kann. Das bedeutet, dass es viele sehr kleine Veränderungen gibt. Plötzlich aber kommt der Schock. Das Extremereignis lässt sich auf diesen Gebieten nie ausschließen. Finanzkollapse sind überhaupt kein Gräuel.

Tomáš Gräuel, das gefällt mir!

David So ist das aber. Finanzkrisen und auch andere Krisen sind schlicht ein natürlicher Bestandteil des Systems. Sie sind Teil dessen, wie die Wirtschaft funktioniert. Und wir müssen daher klären, wie wir lernen können, damit umzugehen.

Nehmen wir zum Beispiel die Krise des amerikanischen Immobilienmarkts. Das ist ein klassischer Fall. Man ist von einem unentwegten Wachstum ausgegangen, wie es auf diesem Markt im Grunde seit Ende des Zweiten Weltkriegs zu beobachten war. Daran schloss ein mathematisches Modell an, das bildlich gesprochen nur in den Rückspiegel schaut. Zudem geht es davon aus, dass sich die Leute rational verhalten und dass es so etwas wie Spekulationsblasen nicht gibt. Dieses Modell verfolgt, ob sich der Preis in der Vergangenheit häufig und stark verändert hat oder nicht. Im Falle des Wohnungsmarkts ist aber nichts dergleichen geschehen. Man rechnete also damit, dass das Risiko in diesem Sektor gegen null tendiert. Dadurch wurde es möglich, derart viele Anleihen hineinzupumpen und eine Riesenblase zu erzeugen, die zum alleinigen Grund des ganzen Problems wurde.

Eines möchte ich noch rasch hinzufügen: Ich kritisiere die mathematischen Modelle, die von den Ökonomen benutzt werden, nicht deshalb, weil sie die Krise nicht vorhergesagt haben. Eine solche Krise lässt sich schlicht und einfach nicht vorhersagen. Ich kritisiere sie dafür, dass sie den Ausbruch der Krise überhaupt erst ermöglicht haben. Sie haben ein falsches Sicherheitsgefühl geschaffen. So als würde man einen Sicherheitsgurt anlegen, der gar nicht richtig verankert ist.

Tomáš Ich würde dem noch hinzufügen, dass es nicht nur eine einzige Mathematik gibt, dass es in Bezug auf ein und dieselbe Situation nicht nur eine alleinige Zugangsweise gibt. Ich muss jedes Mal entscheiden, ob ich vom Chaos, von der mechanischen Mathematik ausgehe, oder ob ich, sagen wir, einen auf der Quantentheorie basierenden Zugang wähle.

Nebenbei bemerkt: Einstein selbst hat nicht an die Quantentheorie geglaubt. In seinen Relativitätstheorien ist er auf seine Art immer von der Mechanik ausgegangen. Er behauptete, dass Gott nicht einfach so zufällig mit uns würfelt. Es ist wichtig, dass wir uns das bewusst machen. Womit wir zu der Feststellung zurückkehren, dass wir viele verschiedene Mythen haben, von denen wir wissen, dass sie unwahr sind. Weil wir aber nichts Besseres haben, glauben wir an sie.

3

Mathematik: Nicht die Lösung, sondern die Ursache der Probleme

Roman Chlupatý *Steht zu erwarten, dass es auch in Zukunft Krisen ähnlich der heutigen geben wird? Und dass die Ökonomie als Wissensdisziplin beziehungsweise die Mathematik, deren sie sich bedient, dann wiederum eine ihrer Ursachen sein wird?*

David Orrell Ich denke, dass die Mathematik immer eine Ursache solcher Probleme sein wird. Ich würde aber sagen, dass wir in letzter Zeit ein paar Veränderungen zum Besseren erleben konnten. Zunächst einmal wird den Leuten klar, dass es verschiedene mathematische Instrumente gibt. Dass diese vielen verschiedenen auch angewendet werden, ist in der

Ökonomie aber erst in letzter Zeit zu beobachten. Als Beispiel würde ich die Komplexitätstheorie nennen, die vom sogenannten *agent-based modelling* ausgeht. Im Rahmen dieser Methode versucht man nicht, die Ökonomie als abstraktes Ensemble einfacher Gleichungen zu beschreiben, sondern man stellt eine Gruppe eigenständiger Einheiten zusammen.

Das ist ein wenig so wie bei einem Computerspiel. Man sagt sich: Ich habe hier ein paar Hundert Händler, ein paar Hundert Broker und irgendwelche Unternehmen. Jede dieser Einheiten besitzt Eigenschaften, die denen ihres Vorbilds in der realen Welt ähneln. Das stellt man dann zusammen, setzt es in Bewegung und lässt den Dingen ihren freien Lauf. Auf diese Weise kann man einen künstlichen Markt konstruieren, der sich wie ein echter Aktienmarkt verhält. Wenn man das tut (was, nebenbei bemerkt, ziemlich interessant ist), wird man feststellen, dass der Aktienmarkt keinen Gleichgewichtspunkt besitzt; dass er sich wie ein Erdbeben verhält; dass er etwa zunächst nach oben tendiert, und dann mit einem Mal einbricht. Genau dies aber widerspricht der allgemein akzeptierten Mainstream-Ökonomie und ihren Theorien!

Als ein weiteres Beispiel sei die Netztheorie genannt. Die aktuellen Modelle betrachten Institutionen als unabhängige Entitäten. Sie rechnen nicht damit, dass sich die Dinge im Rahmen des Systems gleichsam vervielfachen. Wenn sie also eine Bank und deren Risikoprofil analysieren, ziehen sie nicht in Betracht, inwiefern diese Bank mit den anderen verbunden ist. Wenn wir uns das globale Finanzsystem anschauen, muss uns jedoch sofort klar sein, dass es sich um ein Netz handelt. Es gibt Zentren, die jeweils eine Mitte darstellen; diese sind über Nervenbahnen miteinander verbunden: Das ist das Geld, das zwischen ihnen fließt. Man kann auch Erkenntnisse aus der Biologie heranziehen, wo man untersucht, wie die einzelnen Teile der Zelle miteinander kommunizieren. Dabei wird man feststellen, dass in den letzten Jahrzehnten immer deutlicher wurde, dass die einzelnen Teile des Systems stärker miteinander verbunden und voneinander abhängig sind.

Es geht aber nicht nur um Biologie. Auch neue Erkenntnisse aus der Mathematik finden

Eingang in die Ökonomie, daneben auch solche aus der Psychologie oder der Umweltforschung etwa. Sie begleiten uns zwar schon einige Jahrzehnte lang. Aber erst in letzter Zeit werden sie von einem nicht zu vernachlässigenden Teil der Menschen plötzlich so aufgefasst, dass sie eine echte Alternative anbieten zum gegenwärtigen ökonomischen Mainstream, zur modernen Ökonomie. Und es ist sogar möglich, dass sich dadurch auch die Mathematik verändert, deren sich die Ökonomie bedient.

Indem ich das sage, kehre ich im selben Atemzug zu etwas zurück, worauf auch du bereits hingewiesen hattest, Tomáš. Zahlen werden von uns überbewertet. Wir schreiben ihnen und der Mathematik ganz allgemein eine viel zu große Bedeutung zu. So ist es zwar möglich, dass wir letztlich sogar das Glück zu berechnen versuchen – derlei Einfälle hat es in der Tat gegeben! Genauso gut könnten wir aber auch sagen, dass wir das Glück hochschätzen. Es lässt sich weder messen noch berechnen. Wir wissen aber alle, worum es geht. Punktum.

Roman *Wie Tomáš sagst auch du, David, dass sich die Menschen vom blinden Glauben an Zahlen, von der Abhängigkeit von den Zahlen befreien sollten. Das läuft jedoch in gewisser Weise dem Rationalismus zuwider, auf dem die westliche Zivilisation beruht. Kann so etwas gelingen?*

David Das wird schwierig werden. Wie du weißt – wir haben hier schon darüber gesprochen –, stützt sich der heutige Mainstream auf harte Daten, auf eine harte Kraft also. Das beruht auf der Voraussetzung einer binären Logik. Etwas ist entweder wahr oder nicht wahr. Seinen Kredit kann man entweder zurückzahlen oder nicht. So einfach ist das. Bei anderen Fragen ist es allerdings nicht ganz so einfach. Bist du glücklich? Ja oder nein? Das ist natürlich keine besonders gute Frage, nicht wahr? Oder nehmen wir den Bereich des Rechts. Häufig ist es schlicht unmöglich, eine klare Aufteilung in Gut und Böse vorzunehmen. Oftmals liegt die Wahrheit irgendwo in der Mitte. Das kollidiert jedoch mit der pythagoreischen

Voraussetzung, alles würde aus den Zahlen hervorgehen. In Wirklichkeit ist es komplizierter. Es gibt mehr als eine Schattierung von Grau.

Es hat jedoch den Anschein, als sei diese Schwarz-Weiß-Sicht ein Bestandteil des Schutzmechanismus des gegenwärtigen Systems. Nehmen wir ein Beispiel: Ich würde behaupten, irgendein ökonomisches Modell müsse auch das Glück einbeziehen. Wenn nun jemand nicht möchte, dass das Glück dort eine Rolle spielt, sagt er einfach: »Wer Glück will, sollte nicht mit Geld rechnen, aber es sollte da ein Gleichgewicht geben.« Anschließend kommt jemand mit dem Gegenargument, das genau dies bezweifelt. Er sagt: »Blödsinn, ich kenne einen Menschen, der einen Haufen Geld verdient hat und genau deswegen glücklich war; was beweist, dass Ihre Theorie keinen Sinn ergibt.«

Auf diese Weise landet man automatisch bei den Zahlen, bei etwas Hartem, auf das man sich dem Augenschein nach stützen kann. Davon kann man sich nur schwer frei machen. Das würde nämlich der herrschenden Denkweise zuwiderlaufen. Etwa der Überzeugung, dass ein Argument falsch sei, sobald man ein Gegenargument anführen könne. Weil doch nichts teilweise wahr und teilweise nicht wahr sein könne. Das bedeutet, dass wir die Art und Weise, wie wir die Dinge sehen und begreifen, ändern müssen. Die Leute müssen darauf vorbereitet werden, es anders zu versuchen.

Dazu sollte, nebenbei bemerkt, auch der kritische Blick auf Dinge gehören, die wir heute für gesichert halten. Zum Beispiel das Bruttoinlandsprodukt. Versuchen wir einmal, es unter das Mikroskop zu legen, dann werden wir feststellen, dass es gar nicht so hart ist. Es erweckt den Anschein, Mathematik zu sein, das ja. Aber in Wirklichkeit geht es gar nicht um Mathematik.

Tomáš Sedláček Stimmt genau. Dabei ist dieser Gedanke schon ziemlich alt. Wir haben nur beschlossen, ihn zu ignorieren. Heraklit brachte ein System, das sich nicht nur auf Einsen und Nullen stützt. Er sagte: Alles verändert sich unentwegt. Nichts ist klar und eindeutig. Die Dinge lassen sich also nicht messen. Was wir so verstehen können: Es gibt nichts, dem wir nur die Null, und nichts, dem wir nur die Eins zuschreiben können.

In jeder Sehnsucht steckt auch etwas Angst. Und in jeder Angst ein wenig Sehnsucht. In jedem Hass steckt ein Stück weit Faszination und in jeder Faszination ein Stück weit Hass. Man kann also nicht genau sagen: Das da ist Angst, und das da ist Sehnsucht – es handelt sich um zwei Gegenpole, die miteinander verbunden sind. Alles ist in allem enthalten.

Wir glauben doch schließlich auch schon lange, dass so scheinbar voneinander unabhängige Dinge wie Raum und Zeit organisch miteinander verbunden sind. Schon Gymnasiasten können uns darlegen, dass wir dank Einstein wissen, dass Zeit und Raum miteinander verbunden sind. In der Ökonomie hingegen glauben wir weiterhin, dass die Menschen unabhängige Einheiten seien, die sich zwar gegenseitig beeinflussen, allerdings auf mechanische Weise. Im Stil von: Gibst du mir, so geb ich dir. So läuft das aber nicht!

Wenn ich nun zu den alten Griechen zurückkehre, von denen du gesprochen hast, David: Die Griechen haben uns die schönste Beschreibung des Mythos geschenkt, die ich je gehört habe: Der Mythos ist etwas, was nie geschah – und gleichwohl immer geschieht.* Nun gibt es aber niemanden, der dem Etikett »Durchschnittsmensch« entspricht, es gibt keinen *Homo oeconomicus*; so etwas wie die Demokratie hat nie existiert. Aber dennoch sind wir von alldem umgeben. Wir glauben unseren Modellen nicht, aber eigentlich glauben wir an sie.

So glauben wir zum Beispiel an das abstrakte Konzept der Demokratie. Jeder von uns wäre bereit, sein Leben für sie hinzugeben. Aber habt ihr in Kanada wirklich eine Demokratie? Und gibt es hier in Großbritannien eine? Haben wir in Tschechien eine Demokratie? Es handelt sich dabei um einen Glaubensstreit: Es geht um die Abstraktion und ihre Materialisierung, ihre Verkörperung in der Realität.

Mit dem Gedanken des *Homo oeconomicus* ist es genauso. Auch er ist auf seine Weise ein

* Vgl. Salustios/Sallustius (4. Jahrhundert n. Chr.): *Peri theon kai kosmou*, IV, 9 (deutsch: *Buch von den Göttern und der Welt*, übersetzt von Johann Georg Schulthess, in: *Bibliothek der griechischen Philosophen*, Zürich: Orell/Gessner/Füßlin 1779, 3. Bd., S. 259–294, hier S. 267: »Das hat sich nun wohl niemal [sic!] so zugetragen, aber es ist doch allezeit so.«) (A.d.Ü.).

Glaube. Es handelt sich um einen Glauben und gleichzeitig um einen Mythos, den man bekennt. Die alten Mythen stützen sich zumindest auf das Bekenntnis eines Glaubens. Man sagt: Ich glaube an dies und an das. Meiner Ansicht nach besteht das Problem unserer Zeit darin, dass wir uns allein schon weigern, so etwas zu bekennen. Wir sagen nicht, dass wir daran glauben, dass es möglich sei, die Wirklichkeit oder die Wahrheit mathematisch auszudrücken. Wir geben nicht zu, dass wir daran glauben, dass Menschenwesen rationale Geschöpfe seien (wie absurd das klingt, wenn man das laut sagt!). Eben deshalb leben wir meiner Ansicht nach im Dunkeln. Möglicherweise in einem noch größeren Dunkel als die Menschen in alter Zeit. Und zwar genau deswegen, weil wir unseren Glauben nicht zugeben. Ihnen hingegen war ihr Glaube bewusst; sie haben sich zu ihm bekannt; jeden Sonntag haben sie wiederholt, dass sie an Gott, den Schöpfer glauben. Wir dagegen glauben, nicht zu glauben. Dabei glauben wir viel mehr als in früheren Zeiten; und wir glauben an viel mehr Dinge. Wenn aber der Glaube beginnt, sich als

Wahrheit zu präsentieren, wird er gefährlich. Das ist im Übrigen das Ziel jeder Ideologie: So zu tun, als gäbe es sie nicht, als sei sie gleichsam »natürlich«. Genau dies müssen wir meiner Ansicht nach in Zukunft ändern. Weil unser Glaube an die Ökonomie heute stark, uneingestanden, unbewusst – und gerade deswegen irreführend ist.

4

Wahrheit der Dichter, Wahrheit der Modelle

Roman Chlupatý *Beide sagt ihr, dass wir uns befreien sollten aus der Abhängigkeit von der trügerischen Sicherheit, die die Zahlen mit sich bringen. Stattdessen bietet ihr komplexe Systeme an sowie das Eingeständnis der Tatsache, dass wir schlicht nichts wissen. Wäre eine solche Haltung nicht eine Bedrohung für das Funktionieren der modernen Gesellschaft, die ja von diesen zeitgenössischen Illusionen abhängig ist?*

Tomáš Sedláček Man würde auch weiterhin in Modellen denken, was ganz natürlich ist (nebenbei bemerkt: »Katja liebt Karl« ist ebenfalls ein Modell; auch »Das Reich Gottes gleicht einem Senfkorn …« * ist eine Art Modell). Man würde sie einfach erweitern. Man würde nur wollen, dass die Vereinfachung der Wirklichkeit nicht derart dramatisch ausfällt.

Roman *Gleichzeitig würde man damit aber einen Pfeiler des heutigen Systems einreißen, nicht wahr? Wenn heute irgendeine Volkswirtschaft am Boden liegt und der Internationale Währungsfonds, Nouriel Roubini ** oder ein anderer ökonomischer Halbgott sagt, dass ein baldiges Ende in Sicht sei, dann glauben die Leute das. Sie fangen an einzukaufen, und wenn nichts weiter geschieht, dann erhöht ebendies die Chance für eine Wende. Was wir in gewisser Weise als etwas Positives betrachten können. Wenn hingegen die Überzeugung vorherrscht, dass niemand wissen kann, was kommt, dann wird die gute Stimmung oder das Gefühl der Befreiung*

* Vgl. Markus 4,30–32; Lukas 13,18–19 (A. d. Ü.).

** Nouriel Roubini (geb. 1958 in Istanbul), Nationalökonom, Professor an der zur New York University gehörenden Stern School of Business, zuvor Berater des US-Finanzministeriums (A. d. Ü.).

eben nicht eintreten. Niemals. Die Leute werden immer vorsichtig an der Wand entlanggehen ...

Tomáš Das erinnert mich an die zweite Frage, die Gott im Buch Genesis den Menschen stellt. Sie lautet: »Und wer hat euch das gesagt?«* Danach zu fragen ist auch in der Wissenschaft sehr wichtig. Wie du es beschrieben hast: Da ist so ein Halbgott, und der sagt irgendetwas. Solange das irgendein Passant auf der Straße, ein Künstler vielleicht, sagt, interessiert es niemanden. Ich würde hingegen die Behauptung wagen, dass die Künstler viel eher in der Lage waren, die Krise vorherzusagen, als die Ökonomen. Genauso wie die Menschen, die auf den Straßen demonstriert haben. Die haben schon seit Langem gerufen, dass das schlecht ausgehen wird. Aber niemand hat sie wirklich ernst genommen. Keiner dieser Demonstranten trug das Etikett »ökonomischer Halbgott« auf der Stirn. Auch deshalb kehre

* Vgl. Genesis 3,9–11 (A. d. Ü.).

ich zu der Frage zurück: »Wer hat euch das gesagt?«

Zweitens: Alles ist ein Modell. Der Vergleich aus dem Neuen Testament, der Jesus als »Löwen aus dem Stamm Juda« * bezeichnet, ist auf seine Weise ebenfalls ein Modell. Es bedeutet nämlich nicht, dass Jesus im Durchschnitt neun Jahre lebt, sich von Fleisch ernährt und ein dichtes gelbes Fell besitzt. Dasselbe gilt für den Fall, wenn wir etwa sagen, eine Frau gleiche einer Blume. Es gibt nur wenig, was sie mit einer Blume gemeinsam hat. Wissenschaftlich gesprochen ist die Aussage »Frau = Blume« unwahr, es handelt sich um eine wissenschaftliche Lüge. Gleichwohl verstehen wir das. Wir wissen, dass das bedeutet: Sie ist schön und von zarter Gestalt. Die Wahrheit ist also im Kontext verborgen, nie in einem Satz allein. In unserer Gesellschaft gilt die erwähnte Aussage als Kompliment. In einer anderen würde man sich vielleicht wundern, oder sogar beleidigt sein: Meine Frau betreibt keine Fotosynthese, könnte dann jemand sagen. Die Wahr-

* Vgl. Offenbarung 5,5 (A. d. Ü.).

heit steckt also nicht im Modell allein, sondern in der Art und Weise, wie wir dieses Modell wahrnehmen. Mit anderen Worten: im weichen Umfeld des Modells, dessen Existenz wir zu verhehlen versuchen.

Aber zurück zur Aussage »Frau = Blume«. Ein zweites, noch größeres Geheimnis besteht darin, warum den Frauen dieses Kompliment mehr schmeichelt als die Wahrheit. Und das in unserer Gesellschaft, die wie gesagt derart zahlensüchtig ist, in der die Zahl gleichsam Religionsstatus besitzt! Man stelle sich aber einmal vor, ich würde zu einer Frau sagen: »Dein Gesicht ist zu 93 Prozent schön, deine Knie sind es zu zwölf Prozent, und deine Ellenbogen – und da muss ich dir wirklich schmeicheln – sind zu 99 Prozent schön.« Das ist zwar eine wahrhaftige, wissenschaftliche Herangehensweise. Man geht durchs Leben und bewertet die Dinge. Sobald man das aber im besagten Falle anwenden würde, wäre die Frau beleidigt. Was bedeutet, dass im Grunde gilt: Je größer die Lüge, desto besser.

»Du bist schön wie ein Sonnenuntergang an einem stillen Sonntagabend in der Sahara …«

Je größer die Lüge ist, je abstrakter unser Vergleich ausfällt, desto besser, desto schöner ist es. Das ist die Wahrheit der Dichter, die eine andere ist als die Wahrheit der Wissenschaftler. Wenn man aber tiefer gehend darüber nachdenkt, dann ist sie so anders auch wieder nicht: Sie geht vom selben Prinzip aus. Jede Dichtung ist nämlich auf ein Modell gegründet. So beschreibe ich zum Beispiel nicht das ganze Zimmer. Ich vereinfache das Ganze und verwende etwa nur den Duft der Blumen zur Beschreibung. Das ist auch ein Modell der Realität. Man beschreibt schlicht und einfach nicht alles, sondern nur etwas. Wenn dem so ist, dann frage ich: Warum können wir nicht auch in anderen Bereichen die Dinge auf poetische Weise ausdrücken? Warum müssen wir sie auf mathematische Weise ausdrücken?

David Orrell Das Interessante ist ja, dass die mathematischen Modelle ihre eigene Schönheit besitzen. In der Mathematik wie in der Physik ist das besonders offensichtlich. In der Physik spricht man oft davon, dass eine bestimmte Theorie schön sei. Wenn sie schön ist, so wird vorausgesetzt, ist die Wahrscheinlichkeit, dass sie gleichzeitig richtig ist, höher. Was auf der Überzeugung beruht, dass die Welt nach schönen Regeln organisiert sein sollte.

Tomáš Was wiederum ein religiöser Glaube ist.

David Es ist eigentlich ein religiöser Glaube, der in der modernen Physik tief verankert ist. Wir befinden uns in einer Situation, in der die Physik den wirklichen physischen Beweisen gewissermaßen zuvorkommt und vorgreift. Ohne Glauben kommen wir dabei nicht aus. Nehmen wir zum Beispiel die String-Theorie. Die Pythagoreer behaupteten, dass man die Zahlen dazu verwenden könne, um die Harmonie der Saiten eines Musikinstruments zu erklären. Es ist lustig, dass wir zweieinhalb Jahrtausende später immer noch glauben, dass das gesamte Universum auf so etwas wie der Schwingung von Saiten (englisch *strings*) beruht.

Eines der Grundprinzipien der Schönheit in besagter griechischer Denkschule, insbesondere aber in der Physik, ist die Symmetrie. Man dachte daher auch, dass sich die Planeten und die Sonne auf perfekten Kreisbahnen um die Erde bewegen. Der Kreis galt den Pythagoreern als vollkommenes symmetrisches Modell. Es ging also um einen Glauben; um einen auf die Ästhetik gegründeten Glauben. Der Kreis war schlicht und einfach die schönste Form. Heute halten Wissenschaftler nach supersymmetrischen Teilchen Ausschau. Bislang haben sie zwar noch keines gefunden, sie glauben aber daran, dass es sie gibt. Sie glauben, dass beim Urknall alle Teilchen einander gleich, symmetrisch waren. Erst nachher, als das Universum abkühlte, hat sich das geändert, und so wurde uns der Zustand der Schönheit genommen.

Die Schönheit spielte früher mehrere Rollen. Erstens hat sie die Wissenschaftler inspiriert und angeregt. Und wer weiß, vielleicht zu Recht; vielleicht finden sie schließlich irgendwann supersymmetrische Teilchen. Man darf das aber nicht übertreiben. Paul Krugman, glaube ich, sagte, dass die gegenwärtige Krise daher rührt, dass die Ökonomen zu sehr von ihren schönen Theorien gefangen waren. Sie haben sich nur noch auf sie konzentriert, auf ihren Zauber, und nicht auf die Realität.*

Es ist jedoch ziemlich schwierig, Leuten, die nicht mit Modellen arbeiten, zu erklären, welch großen Einfluss diese Modelle unter bestimmten Umständen auf uns ausüben können. Wenn man ein Modell einführt, von dem man überzeugt ist, dass es wirklich elegant, schön und stark ist, dann ist man bereit, hart dafür zu kämpfen. Und zwar selbst dann, wenn es möglicherweise nicht allen zugänglichen Beweisen entspricht.

Tomáš In diesem Zusammenhang fällt mir ein ausgezeichneter Witz ein, in dem der dänische Physiker Niels Bohr die Hauptrolle spielt. Freunde besuchten ihn in seinem Sommerhaus und sahen über dem Eingang ein Hufeisen. Sie wunderten sich: »Wir dachten, du bist Wissenschaftler. Und dass du daher auch nicht abergläubisch wärest.« Bohr antwortete: »Ja,

* Vgl. Paul Krugman: »How Did Economists Get It So Wrong?«, in: *New York Times* vom 6. September 2009: »... because economists, as a group, mistook beauty, clad in impressive-looking mathematics, for truth« (A. d. Ü.).

schon, aber mir wurde gesagt, dass das funktioniert, auch wenn man nicht daran glaubt.«

Ich möchte noch einmal auf deine Beschreibung der Schönheit zurückkommen, David, die mir gut gefällt. Eine der – wenn auch vielleicht übertriebenen – Erklärungen lautet, dass die Wissenschaft für den Verstand, für das Gehirn da sei. Und dem Verstand gefalle es aus irgendeinem Grund, wenn sich die Dinge mathematisch reimen, wenn sie einen Rhythmus haben, wenn sich in ihnen irgendein Muster erkennen lässt. Man sucht entweder nach Übereinstimmungen, oder man erklärt die Unterschiede. Auf diese Weise ist die Wissenschaft für den Verstand da, und der Verstand sucht sich das Schönste aus. Daher nehmen wir die Realität eigentlich verkehrt wahr.

David Ich möchte vielleicht eine kleine Korrektur anbringen: Das gilt mehr für die linke Gehirnhälfte als für die rechte.

Tomáš Genau.

David Wenn man sich die Ästhetik der Wissenschaft anschaut, geht es eigentlich um die Fähigkeit, komplizierte Dinge dadurch zu vereinfachen, dass man sie in einfache Gesetze und Zahlen fasst. Die Symmetrie ist eine Möglichkeit, das zu tun. Wenn die Dinge nämlich symmetrisch sind, weisen sie weniger Unordnung auf. Sie sind nicht so kompliziert. Was einem Teil unseres Verstands sicherlich ganz lieb ist.

Roman *In welchem Maße gelten für die Wahrnehmung von Gleichungen dieselben Kriterien wie für die Wahrnehmung der Welt um uns herum?*

David Es gibt da sicherlich Gemeinsamkeiten mit der Schönheit in der Kunst etwa oder in der Architektur und so weiter. Aber so, als würde dort immer etwas fehlen. Eigentlich fehlt eine ganze Menge.

In der Physik hat man vor einiger Zeit die dunkle Energie entdeckt. Die Materie, die wir sehen und die wir mit unseren angeblich ausgefeilten Geräten messen können, macht nur vier Prozent der Wirklichkeit aus. Der Rest, etwa die Kraft, aufgrund derer das ganze Universum sich ausdehnt, nehmen wir schlicht und einfach nicht wahr. Und so verhält es sich meiner Ansicht nach auch mit der rechten Hälfte unseres Gehirns. Absoluten Detailfragen, wie zum Beispiel dem Bruttoinlandsprodukt, widmen wir große Aufmerksamkeit. Wir freuen uns, wenn das BIP um 2,31 Prozent wächst – und ignorieren dabei alles andere. Wir ignorieren die Kreditkrise, die Verschlechterung unserer Umwelt, die psychologischen Auswirkungen des Geschehens um uns herum und so fort.

Tomáš Wenn wir dieses Detaillierte wirklich beiseiteließen, hätten wir vielleicht mehr Zeit, uns auf die übrigen Dinge zu konzentrieren. Es ist so, wie wenn man eine grell leuchtende Glühbirne hätte. Man weiß nicht, wann es dunkel ist. Genauso wenig weiß man jedoch, wann das Licht zu grell ist. Vielleicht wirkt eine Vorhersage vom Typus »BIP wächst um 2,31 Prozent« wie ein allzu grelles Licht. Wir vergessen alles andere, es blendet uns. Übergroße Genauigkeit blendet uns vielleicht genauso wie allzu große Unbestimmtheit.

5

Macht in der Ökonomie, Macht über die Ökonomie

Roman Chlupatý *Wir sind uns einig, dass diese Krise die Notwendigkeit gezeigt hat, dass die Dinge sich ändern müssen. An Kleinigkeiten wird gearbeitet, zu einer Änderung der Denkweisen, von der ihr beide sprecht, ist es aber nicht gekommen. Was ist nötig, damit sich auf dieser Ebene etwas ändert? Brauchen wir eine Revolution, oder kommen wir möglicherweise mit einer Evolution aus?*

Tomáš Sedláček Ich bin immer schon der Überzeugung, dass wir uns auf dem Wege einer Evolution ändern können. Für einige Leute bin ich deshalb ein Naivling oder ein Idealist.

Darauf antworte ich: »Gut, aber ist nicht auch der Glaube an den *Homo oeconomicus* naiv?« Meiner Ansicht nach ist das genauso naiv wie mein Glaube daran, dass der Mensch seine Leiden kurieren kann. Ich würde sogar sagen, dass das auch weniger naiv ist, als zu glauben, dass die Leute effektiv, rational oder gar hyperrational seien. Das ist doch ein naiver Glaube par excellence! Mein Glaube ist da etwas weniger naiv.

Roman *Was müssten wir also tun, damit die Dinge sich ändern, damit wir anfangen, unsere Leiden zu kurieren, wie du sagst?*

Tomáš Wir müssen uns von der Überzeugung befreien, dass wir ohne Wachstum nicht auskämen, dass Wachstum alles sei. Das ist das Erste. Der zweite Punkt bezieht sich auf Davids Buch *Economyths*: Um unser System zu beschreiben, greift er dort auf die Metapher vom Airbag zurück, der regelmäßig und zuverlässig funktioniert – nur dieses eine Mal nicht, als es kracht.* Ich biete nun eine Variante davon, indem ich unser System mit einem Regenschirm vergleiche, der uns bei jeder Gelegenheit schützt – nur dieses eine Mal nicht, als es regnet. Das passt genau auf die moderne Ökonomie!

Daher sage ich: Befreien wir uns vom Götzendienst der BIP-Statistik! Seien wir bescheidener! Lasst uns damit aufhören, ständig zu versuchen, auf erkünstelte Weise genau zu sein! Wie oft gesagt wird: Es ist besser, annähernd genau zu sein als genau falschzuliegen. Ich denke, dass wir in den letzten Jahren genau falschgelegen haben. Allzu oft sogar.

David Orrell Da stimme ich dir zu. Meiner Ansicht nach besteht das Haupthindernis für eine Veränderung derzeit nicht in einem Mangel an alternativen Theorien oder Ideen. Die stehen uns schon eine ganze Weile lang zur Verfügung. Das Haupthindernis ist die Macht.

* Vgl. David Orrell: *Economyths. Ten Ways Economics Gets It Wrong*, London, Icon Books 2010, S. 98, wo ein Hedgefondsmanager mit diesem Bild zitiert wird (A. d. Ü.).

Weißt du, als ich *Economyths* schrieb, ist mir ungefähr bei der Hälfte des Manuskripts klar geworden, dass die gegenwärtige Mainstream-Theorie wirklich erbärmlich ist …

Tomáš Genau, das ist …

David … und da ich habe mich gefragt: Wie ist es möglich, dass das immer noch die dominante Theorie ist? Doch wohl nur nicht deshalb, weil ihre Anhänger so gute Rhetoriker sind. Dann ist mir klar geworden, dass man nur dem Geld zu folgen braucht.

Die ökonomische Mainstream-Theorie geht davon aus, dass der Preis, den der freie Markt bestimmt, der richtige ist. Und nun nehmen wir einmal das Beispiel, dass die Chefs großer Unternehmen ein Gehalt bekommen, das 500-mal höher liegt als das Durchschnittseinkommen. Früher betrug es nur das 30-Fache. Das ist doch eine gewaltige Veränderung! Der Theorie zufolge ist das jedoch fair. Eben deshalb, weil der Markt es so errechnet hat. Und der hat immer recht. Wer profitiert nun von alldem? Das eine Prozent, das eine Promille oder Zehntelpromille der Milliardäre, die am obersten Ende der Leiter sitzen. Die haben aber verständlicherweise überhaupt kein Interesse daran, dass sich am heutigen Glauben an die moderne Ökonomie irgendetwas ändert.

Und was ist mit den schlauen jungen Leuten, die die Lücken im gegenwärtigen Mainstream aufdecken könnten? Die Hüter der aktuellen Ordnung tun alles, um sie so schnell wie möglich auf ihre Seite zu ziehen. Als ich zum Beispiel hier in Oxford studierte, habe ich festgestellt, dass die Anhänger des Mainstreams einen Großteil der Mathematiker noch während des Studiums anlocken. Die Finanzinstitute oder Thinktanks, die eine konkrete ökonomische Theorie propagieren, bieten im Austausch für Loyalität beachtliche Summen. Daran hat auch die Finanzkrise nichts geändert. Die hat die Banken und die Banker doch gar nicht so stark getroffen.

Man bedenke nur einmal, wer für die Krise bezahlt. Zumindest hier in England. Ich glaube aber, dass es anderswo, in Griechenland oder in anderen Ländern, ganz ähnlich ist. Hier spricht man darüber, wie hoch die Pensionen der Lehrer seien. Und wie teuer der Betrieb von Bibliotheken komme. Auf solche Dinge konzentrieren sich alle. Und die Banker, die das alles verursacht haben, genießen dieselben Boni wie vor der Krise. Das ist doch ein vollendet gelungener Trick! Meiner Ansicht nach ist das die Schlüsselfrage. Es geht um die Macht!

Roman *Wenn wir jetzt etwas ändern möchten, müssen wir also zuerst die Macht in der Ökonomie begrenzen? Ist das die Lehre aus der Krise?*

David Wenn man wissen will, worauf der Zauber der Mainstream-Ökonomie beruht, braucht man nur einmal ein beliebiges Ökonomielehrbuch aufzuschlagen: Man wird dort nichts über die Macht als solche finden. Es wird davon ausgegangen, dass wir einen freien Wettbewerb haben und jeder in ihm Erfolg haben kann. Das stimmt jedoch überhaupt nicht!

Tomáš Genau. Wenn man im Samuelson blättert, einem Lehrbuch, aus dem die meisten Nachkriegsökonomen ihre Grundsätze bezogen,* dann sieht man, dass Samuelson viele Seiten darauf verwendet, mathematische Kleinigkeiten zu beweisen – ich würde sagen fast bis zum Verrücktwerden. Jeder Winzigkeit widmet er drei Seiten. Und dann sagt er in aller Kürze: Und weil die Menschen frei sind, gilt dies und das.

Wo aber hat er das um Himmels willen her, dass die Menschen frei seien?!

Um so etwas zu beweisen, müsste er Abertausende Seiten wirklich gehaltvoller philosophischer Abhandlungen schreiben. Und zwar gerade deswegen, weil eben nicht sicher ist, dass die Menschen wirklich frei sind.

Genau darin aber besteht meiner Ansicht nach der Trick, mit dem sie uns täuschen. Sie

* Paul Anthony Samuelson: *Economics. An introductory analysis*, New York: McGraw-Hill 1948 (deutsch: *Volkswirtschaftslehre. Eine Einführung*, 2., vollständig überarbeitete Auflage, übersetzt von Wilhelm Hankel, Köln, Bund-Verlag 1955; vgl. ders./William D. Nordhaus, *Volkswirtschaftslehre. Das internationale Standardwerk der Makro- und Mikroökonomie*, 4., aktualisierte Auflage, übersetzt von Regina Berger und Brigitte Hilgner, München: mi-Wirtschaftsbuch/Finanzbuch-Verlag 2010) (A. d. Ü.).

zermürben uns mit mückenhaften Kleinigkeiten, und wir merken dabei gar nicht, dass wir einen riesigen Elefanten verschlingen. Und dann ziehen sie in einem einzigen Satz – und manchmal ist es nicht einmal ein ganzer Satz – eine grundsätzliche Schlussfolgerung. Und anschließend machen sie einfach weiter, ohne Beweise, ohne Argumentation. Nehmen wir als Beispiel die Schlussfolgerung, dass die Menschen rational seien. Das sei jedermann klar, behaupten sie. Und darauf stützen sie dann die weitere Behauptung, dass die Märkte frei sind und diese Märkte auch am besten bestimmen, was wann von wem hergestellt wird. Das ist ein Trick, der immer wieder funktioniert.

David Eben deswegen war es auch möglich, diese Lügen so lange am Leben zu erhalten. Es hängt wohl vom Blickwinkel ab, aber in vielerlei Hinsicht leben wir heute in der Zeit mit der größten Ungleichheit in der gesamten Geschichte. Ein Hedgefondsmanager kann mehr als eine Milliarde Dollar jährlich verdienen. Und über eine Milliarde Menschen leben von weniger als einem Dollar täglich. Das sagt doch schon ganz viel! Unsere Mainstream-Ökonomie aber schweigt sich darüber aus, dass dies der Ausdruck einer bestimmten Kräfteverteilung ist.

Tomáš Ja, mehr noch sogar: Sie behauptet, dass sich diese beiden Gruppen einander annähern könnten. Auch wenn einstweilen das Gegenteil davon zu beobachten ist.

David Genau. Nimm nur die Nachrichten darüber, in welchem Maße China und Indien reicher werden. Klar, statistisch gesehen stimmt das auch. Aber gleichzeitig können wir dort eine wachsende Ungleichheit bemerken. Einige wenige Prozent der Bevölkerung werden unwahrscheinlich reich, während der Rest an der Zerstörung der natürlichen Umwelt und so weiter leidet.

Wir leben wirklich in einer sehr seltsamen Zeit.

Zu den Autoren

Roman Chlupatý ist Journalist und Publizist. Seit 1995 ist er für verschiedene tschechische Medien tätig: Er arbeitete für das Wochenmagazin *Týden*, die Tageszeitung *Lidové noviny* sowie für den Tschechischen Rundfunk (die Sendung Radiožurnál im Programm Český rozhlas-1), wo er sich vor allem mit Banken, Investmentfonds und damit verbundenen Fragen beschäftigte. Seit 2000 arbeitet er im Ausland. Er lebte in Toronto (Kanada), Aarhus (Dänemark) und in Amsterdam (Niederlande).

Derzeit lebt er in London. Sein Studium absolvierte er an der University of Toronto (Hon. B.A. in International Relations and Economics), der Aarhus Universitet, der Universiteit van Amsterdam und der City University London (M.A. in

Journalism and Media within Globalization). Er arbeitet als selbständiger Journalist, Pressesprecher und Berater. Im Ausland erschienen Beträge von ihm auf der französischen Website *OWNI* oder in der chinesischen *FT*. Als Experte wurde er auch von ukrainischen und maltesischen Medien zitiert.

In der Tschechischen Republik ist er langjähriger Mitarbeiter führender Wirtschaftspublikationen wie *EURO*, *Hospodářské noviny* oder *Investiční web*. 2010 erschien sein Gesprächsband *(Ne)mocná země* [»Kranke/mächtige Erde«], in dem er sich – wie auch bei seinen weiteren Aktivitäten – Themen widmet, die mit der internationalen Wirtschaft und Politik sowie den Schnittpunkten dieser beiden Welten zusammenhängen.

Tomáš Sedláček ist vermutlich der meistbeachtete tschechische Ökonom unserer Zeit. Er studierte Wirtschaftstheorie an der Sozialwissenschaftlichen Fakultät der Prager Karls-Universität, wo er auch mit Auszeichnung promovierte. Er hält Vorlesungen über Philosophie, Ökonomie und die Geschichte der Wirtschaftstheorien. Er ist Stipendiat der Yale University, deren *Yale Economic Review* ihn 2006 unter die fünf zukunftsweisendsten jungen Ökonomen einreihte (»Young Guns: 5 Hot Minds in Economics«).

Von 2001 bis 2003 diente er Václav Havel als Wirtschaftsberater. 2004 nahm er einen Posten als Berater im tschechischen Finanzministerium an. Derzeit arbeitet er als Chefökonom der größten tschechischen Bank ČSOB, seit 2009 ist er Mitglied im Nationalen Wirtschaftsrat der Regierung (NERV).

Er ist ein gefragter Kommentator des Wirtschaftsgeschehens. Dank seiner unkonventionellen Ansichten und seiner Fähigkeit, die Wirtschaftswissenschaften mit anderen Fächern und Gebieten in Beziehung zu setzen, hat er auch auf internationaler Ebene große Beachtung gefunden. Sein Buch *Die Ökonomie von Gut und Böse* ist bereits auf Englisch, Deutsch und Polnisch erschienen, acht weitere Übersetzungen sind in Vorbereitung. Es ist auch schon erfolgreich für die Bühne bearbeitet worden.

David Orrell ist ein kanadischer Mathematiker und Publizist. In seinem bekanntesten Buch *Economyths* verbindet er sein persönliches Interesse für Ökonomie mit dem beruflichen Interesse für Mathematik und Modellbildung. Er behauptet darin, dass die gegenwärtige Mainstream-Ökonomie in vielerlei Hinsicht auf fehlerhaften Grundlagen beruht, was ihm zufolge eine der Ursachen für die immer noch anhaltende Krise ist. Die *Economyths* schafften es in die engste Auswahl für den kanadischen National Business Book Award und wurden in sechs Sprachen übersetzt, darunter ins Japanische und ins Koreanische. 2012 fügte er seiner Bibliografie unter dem Titel *Introducing Economics: A Graphic Guide* eine kurze Geschichte der Ökonomie hinzu, in der er beschreibt, wie einige der Wirtschaftsmythen entstanden sind.

In der Vergangenheit war er als Berater an der Entwicklung von Modellen beteiligt, die die Wirksamkeit von Medikamenten zum Beispiel gegen Krebs testen oder bei der Wettervorhersage helfen. Bei den Meteorologen stieß seine Theorie auf Interesse, wonach bestimmte Ungenauigkeiten in der Vorhersage nicht auf das

Chaos, sondern auf Fehler in den Modellen zurückzuführen seien.

David Orrell wurde in Edmonton (Kanada) geboren und lebt nun in Oxford (Großbritannien). Wenn er sich nicht gerade seiner Familie widmet oder Vorlesungen hält, arbeitet er an einem Buch über die Schönheit in der Physik.

Editorischer Hinweis

Das Gespräch wurde im englischen Oxford für eine Radiosendung aufgezeichnet. Seine Bearbeitung in Buchform eröffnet eine neue Reihe des Verlags 65.pole [»Das 65. Feld«] – die Edition Double: In kleinem Format stellen zwei Persönlichkeiten ihre Ansichten im Kontext des aktuellen Weltgeschehens vor.

TOMÁŠ SEDLÁČEK

Die Ökonomie von Gut und Böse

448 Seiten, ISBN 978-3-446-42823-2, auch als E-Book erhältlich

Die meisten unterschätzen, wie tief die Ökonomie in der Kultur verwurzelt ist. Nicht so Tomáš Sedláček. Er behauptet: »In der Ökonomie geht es um Gut und Böse. Es geht um Menschen, die Menschen Geschichten über andere Menschen erzählen. Selbst das ausgefeilteste mathematische Modell ist eine Parabel, eine Geschichte, mit der wir die Welt um uns herum zu begreifen versuchen.« Sedláček erschüttert unseren Begriff von Wirtschaft wie wenige vor ihm. Sein Buch ist ein faszinierender Gang durch die Welt der Ökonomie – vom Gilgamesch-Epos über das Alte Testament und Adam Smith bis zur Wall Street und zur Wirtschaftskrise. Und ganz nebenbei erfahren wir, warum die Sprache der Wirtschaft, die Mathematik, nicht wertfrei und kühl ist, sondern schön und sogar verführerisch …

CHRIS ANDERSON

Makers

Das Internet der Dinge:
die nächste industrielle Revolution

286 Seiten, ISBN 978-3-446-43482-0

Alle können heute im Internet selbst kommunizieren, publizieren und sich informieren. Doch die eigentliche Revolution steht uns erst noch bevor: das »Internet der Dinge«. Mit wenig Aufwand und zu geringen Kosten kann jeder selbst Produkte designen und fertigen – Schmuck und Modellbauteile, Werkzeuge, Haushaltsgegenstände und vieles mehr. Wer eine schlaue Produktidee hat, kann etablierten Herstellern Konkurrenz machen, die Macht der Markenunternehmen wird gebrochen. Der Bestseller-Autor und Internet-Visionär Chris Anderson stellt in seinem neuen Buch den vielleicht faszinierendsten Megatrend vor, der unsere Welt von Grund auf verändern wird: den Trend zur Eigenproduktion.

FRANK SIEREN

Geldmacht China

Wie der Aufstieg des Yuan Euro und Dollar schwächt

ca. 250 Seiten, ISBN 978-3-446-43487-5, auch als E-Book erhältlich

Chinas Wachstumsstory ist einmalig. Jetzt versuchen die Chinesen, ihre eigene Währung, den Yuan, als Zahlungsmittel auf einer Höhe mit Euro, Dollar und Yen zu etablieren. Diese Entwicklung gewinnt an Fahrt, denn die Konkurrenten sind angeschlagen: Der Euro-Raum steht vor der größten Zerreißprobe seit seiner Gründung, Amerika kämpft mit immensen Schuldenproblemen, Japan ist durch Erdbeben, Tsunami und Atomkatastrophe auf Jahre geschwächt. Der Chinaexperte Frank Sieren beschreibt, wie die Chinesen die Schwäche des Westens gezielt nutzen, um den Aufstieg der neuen Weltwährung zu forcieren – und was das für uns, unsere Finanzplätze und unsere Unternehmen bedeutet.